EINFACH GUT

SONJA CARLSSON

DAS KLEINE 1 X 1 DER TRENNKOST

FALKEN

Inhalt

Zu diesem Buch

Die Trennkost-Lehre kam in den zwanziger Jahren aus Amerika zu uns. Sie geht auf den amerikanischen Arzt Dr. Howard Hay zurück, der die „chemischen Verdauungsgesetze" zur Basis seiner Trennungstheorie machte. Vor dem Hintergrund der allgemeinen Über- und Fehlernährung und der ernährungsbedingten Krankheiten erlebt das Trennkost-Konzept heute einen wahren Boom. Doch Trennkost ist nicht gleich Trennkost: Es gibt mittlerweile mehrere Kostformen, die sich an die Trennungstheorie von Dr. Hay anlehnen, die aber auch eigene, meist unsinnige Empfehlungen (beispielsweise solle man keine Milch trinken, weil sie den Darm verschleime) beinhalten und deshalb aus ernährungsphysiologischer Sicht abzulehnen sind.
Die Trennkost nach Dr. Hay eignet sich in jeder Hinsicht als gesunde Dauerernährung, weil sie den Ernährungsprinzipien der Vollwertkost voll entspricht. Das heißt, grundsätzlich sind alle gesunden Nahrungsmittel erlaubt – Milch genauso wie Eier, Fleisch und Fisch. Auch die Frische der einzelnen Produkte steht im Mittelpunkt der Kost. Der Unterschied zur Vollwerternährung ist lediglich die Trennung von eiweiß- und kohlenhydratreichen Lebensmitteln innerhalb einer Mahlzeit.
In diesem Buch erleben „Trennkost-Einsteiger" einen kleinen Eindruck von der Vielfalt der Trennkost-Rezepte. Die einzelnen Kapitel enthalten sowohl Eiweißgerichte, als auch neutrale und Kohlenhydratgerichte. Der Trennungs- und Mengenplan hilft Ihnen bei der Kreation von eigenen Rezepten. Alle Rezepte wurden mehrfach nachgekocht bzw. zubereitet.
Der Rezeptkopf gibt Ihnen Auskunft über die Zubereitungszeit (umfaßt Vorbereitungs- und Garzeit), den Kaloriengehalt und die Gerichtart (Eiweiß-, Kohlenhydrat- oder neutrales Gericht). Außerdem finden Sie bei jedem Rezept ein Stichwort zur Charakterisierung des Geschmacks und zum Zeitaufwand. Bei letzterem liegt der folgende zeitliche Rahmen zugrunde:

schnell: Zubereitungszeit bis zu 1/2 Stunde
braucht Zeit: Zubereitungszeit 1/2 Stunde bis 1 1/2 Stunden
zeitintensiv: Zubereitungszeit mehr als 1 1/2 Stunden

Vorbereitende Arbeiten, wie das Waschen und Putzen von Gemüse, Kräutern, Pilzen und Obst werden in den Rezepten vorausgesetzt und deshalb nicht ausdrücklich erwähnt. Die Gar-und Backzeiten sowie die Temperaturangaben beziehen sich auf den gebräuchlichen Haushalts-Elektroherd.

Abkürzungen:

EL	=	Eßlöffel (gestrichen)
TL	=	Teelöffel (gestrichen)
Msp.	=	Messerspitze
TK-...	=	Tiefkühl-...
l	=	Liter
ml	=	Milliliter
kg	=	Kilogramm
g	=	Gramm
kcal	=	Kilokalorien
ca.	=	circa
Min.	=	Minute(n)
Std.	=	Stunde(n)
°C	=	Grad Celsius
i.Tr.	=	in der Trockenmasse

Die Rezepte sind **für 1 Person** berechnet. Ausnahmen sind im Rezeptkopf angegeben.
Die **Kalorienangaben** beziehen sich immer auf 1 Portion.

Was ist Trennkost?

Trennkost bedeutet, die Mahlzeiten so zu gestalten, daß eiweiß- und kohlenhydratreiche Produkte nicht zusammen aufgenommen werden. Nach Dr. Hay liegen diesem Prinzip die Stoffwechsel- bzw. Verdauungsvorgänge einerseits und das Säure-Basen-Gleichgewicht im menschlichen Körper andererseits zugrunde. Dr. Hay, der selbst an einem unheilbarem Nierenleiden erkrankt war, erkannte, daß ein unausgewogenes Säure-Basen-Verhältnis im Organismus für viele Krankheitsbilder verantwortlich gemacht werden muß, u.a. auch für Übergewicht und die sogenannten „Zivilisationskrankheiten". Die Ursachen sah er auch ganz richtig in der überkalorischen, fett- und eiweißreichen Kost, die von den tierischen Produkten zuviel, von den pflanzlichen zuwenig enthält. Dr. Hay teilte die Nahrungsmittel in Säurebildner (sie bilden im Körper Säuren) und Basenbildner (sie bilden im Körper Basen) ein und stellte fest, daß bei unseren normalen Eßgewohnheiten die säurebildenden deutlich überwiegen und die kleine Menge der Basenbildner in unserer Kost nicht ausreicht, um die Säuren zu neutralisieren. Er war der Meinung, daß dies schließlich zur Übersäuerung des Körpers und damit zu verschiedenen Krankheiten führen kann.
Zu den Säurebildnern gehören die meisten eiweißreichen, aber auch einige kohlenhydratreiche Lebensmittel. Basenbildner dagegen sind Gemüse, Obst und Salat. Sie können nach Meinung von Dr. Hay die Säuren neutralisieren, ihre Ausscheidung fördern und den Stoffwechsel entlasten.

Die zweite Säule der Hay'schen Trennkost-Theorie sind die „chemischen Verdauungsgesetze": Dr. Hay war der Ansicht, daß man Kohlenhydrate und Eiweiß nicht zusammen in einer Mahlzeit zu sich nehmen sollte, weil die Verdauung der einzelnen Nährstoffe an verschiedenen Abschnitten des Magen-Darm-Trakts erfolgt und der Abbau des einen Nährstoffs den des anderen behindert. Er plädierte deshalb für die Trennung von Eiweiß und Kohlenhydraten innerhalb einer Mahlzeit. Durch das Einhalten dieser beschriebenen Ernährungsform konnte Dr. Hay sein Nierenleiden heilen. Aus dieser Erfahrung heraus begründete er das Prinzip der Trennkost.

Wie wird die Trennung praktiziert?

Viele Lebensmittel kann man eindeutig der Kohlenhydrat- oder der Eiweißgruppe zuordnen. Es gibt aber auch Lebensmitel, die sich nach der Hay'schen Lehre im Stoffwechsel neutral verhalten bzw. den Abbau eiweiß- und kohlenhydratreicher Nahrungsmittel nicht beeinflussen. Diese neutralen Nahrungsmittel dürfen mit den Lebensmitteln der Eiweiß- und der Kohlenhydratgruppe kombiniert werden. Dr. Hay hat hierfür einen speziellen Trennungsplan entwickelt, den wir Ihnen auf den Seiten 6 und 7 vorstellen. Er erleichtert dem Trennkost-Einsteiger die Orientierung bei der Zutatenauswahl bzw. beim Zusammenstellen eigener Rezepte. Darüber hinaus sollten Sie sich auch an den Mengenplan auf den Seiten 8 und 9 halten. Er beinhaltet sowohl die empfohlenen Verzehrsmengen für die einzelnen Mahlzeiten bzw. Lebensmittel, als auch Vorschläge für Ihren Mahlzeitenrhythmus. Denn bei der Trennkost nach Dr. Hay soll nicht gehungert werden, sondern der Körper muß den ganzen Tag ausreichend mit Energie versorgt werden, um optimal zu arbeiten.

Besonderheit: Der Apfel

Der Apfel nimmt in der Hay'schen Trennkost eine Zwitterstellung ein, das heißt er kann sowohl in die Eiweißgruppe wie auch in die Kohlenhydratgruppe gehören. Ist der Apfel frisch, säuerlich und saftig, zählt er in die Eiweißgruppe. Ist er ein mürber und mehliger Apfel, wird er zur Kohlenhydratgruppe gerechnet. In den Rezepten finden Sie genaue Angaben, welcher Apfel gemeint ist.

Sinnvoll: Ein Umschalttag

Bevor Sie Ihre Ernährung auf Trennkost umstellen, sollten Sie einen Umschalttag einlegen, um den Stoffwechsel anzuregen und die Entschlackung in Gang zu setzen. Ideal dafür ist beispielsweise ein reiner Obsttag oder ein Gemüse-Salat-Tag.

Obsttag:

Essen Sie bis 15 Uhr frisches Obst aus der Eiweißgruppe in beliebiger Menge, ab 17 Uhr dann zwei mittelgroße Bananen oder zwei Pellkartoffeln.

Gemüse-Salat-Tag:

Hierbei gibt es Gemüse und Salat der Saison in beliebiger Menge, roh oder leicht gedünstet, aber fett- und salzfrei zubereitet. Eine Verfeinerung mit Gemüsebrühe ist erlaubt.

Wird man schlank durch Trennkost?

Eine Gewichtsabnahme ist, je nach Grad des Übergewichts, mit der Trennkost gut möglich und ergibt sich sogar in vielen Fällen automatisch. Der Grund liegt auf der Hand: Halten Sie sich an die Mahlzeiten und an die angegebenen Mengen, so nehmen Sie reichlich pflanzliche Produkte zu sich, die gut sättigen und wenig Kalorien liefern. Die Verdauung wird angekurbelt und der Stoffwechsel läuft auf Hochtouren. Damit ist vielfach ein Gewichtsverlust verbunden. Wer gezielt abnehmen muß oder möchte, sollte seinen Fettkonsum beschränken und die Kalorienangaben unserer Rezepte beachten. Außerdem helfen Sport und jede andere Art der körperlichen Betätigung, überflüssige Pfunde zu verlieren.

Trennungsplan

Innerhalb einer Mahlzeit dürfen zur Eiweiß- und zur Kohlenhydratgruppe gehörende Lebensmittel nicht gemischt werden. Folgende Kombinationen sind jedoch möglich:

- Lebensmittel aus der Eiweiß- und der neutralen Gruppe
- Lebensmittel aus der Kohlenhydrat- und der neutralen Gruppe

Eiweißgruppe

Alle Fleischarten im gegarten Zustand vom Rind: z.B. Braten, Rouladen, Gulasch, Steaks, Hackfleischgerichte, Sauerbraten; vom Kalb: z.B. Schnitzel, Braten; vom Lamm: z.B. Kotelett, Rücken; Schweinefleisch ist nicht empfehlenswert;

alle gegarten Geflügelsorten, z.B. Putenrollbraten, -schnitzel und -brust sowie Putengeschnetzeltes, Gans, Ente, Grillhähnchen, Poulardenbrust;

alle gegarten Wurstsorten, z.B. gebratene Bratwurst, Leberkäse, Rindswurst, Corned beef, gekochter Schinken, Geflügelwurst; Schweinefleischsorten sind nicht empfehlenswert;

alle ungeräucherten, gegarten Fischsorten sowie Schalen- und Krustentiere im gegarten Zustand, z.B. Scholle, Kabeljau, Seelachs, Lachs, Makrele, Heilbutt, Hering, Hecht, Forelle, Muscheln, Garnelen, Hummer;

alle Sojaprodukte, z.B. Tofu, Sojasauce sowie mit Soja hergestellte Brotaufstriche;

Eier;

Milch aller Fettstufen;

alle Käsesorten mit höchstens 50 % Fett i.Tr., Harzer, Parmesan, Emmentaler, Edamer;

gekochte Tomaten (auch aus der Dose)

Getränke, z.B. Früchtetee, Apfelwein, herber Weiß- und Rotwein sowie Sekt;

alle Beerenfrüchte (außer Heidelbeeren);

alle Kern- (außer mürben, süßen Äpfeln) und Steinobstsorten sowie alle Zitrusfrüchte (z.B. Orangen, Zitronen und Grapefruits);

alle exotischen Obstsorten (außer Bananen), z.B. Mangos, Papayas, Kiwis, Melonen. (Dr. Hay ordnet säurereiche Obstsorten zwar der Eiweißgruppe zu, jedoch hat es sich bewährt, nur geringe Mengen davon mit anderen Lebensmitteln aus der Eiweißgruppe zu mischen. Oder essen Sie diese Obstsorten nur zusammen mit Milch oder gesäuerten Milchprodukten zum Frühstück oder zwischendurch.)

Neutrale Gruppe

Die neutralen Lebensmitttel dürfen innerhalb einer Mahlzeit sowohl mit Lebensmitteln aus der Eiweiß- als auch aus der Kohlenhydratgruppe gemischt werden. Neutral sind:

alle Fette, z.B. Öle (kaltgepreßte bevorzugen), ungehärtete Margarinesorten und Butter, aber auch schmalzähnlicher, pflanzlicher Brotaufstrich;

alle gesäuerten Milchprodukte, z.B. Joghurt, Kefir, Sahnedickmilch, saure Sahne und Buttermilch, aber auch vergorenes Molkekonzentrat (Molkosan);

süße Sahne und Kaffeesahne;

alle Käsesorten mit mindestens 60 % Fett i. Tr., z.B. Doppelrahmfrischkäse, Rahmgouda, Butterkäse, Camembert;

alle Frischkäsesorten, z.B. Quark, Schafs- und Ziegenkäse, Mozzarella sowie körniger Frischkäse;

alle rohen, geräucherten Wurstwaren, z.B. Bündner Fleisch, roher Schinken, Salami, Blutwurst, Debrecziner (die oben genannten Sorten sind meist auch ohne Zusatz von Schweinefleisch erhältlich);

rohes Fleisch, z.B. Tartar;

alle rohen und marinierten oder geräucherten Fischsorten, z.B. Schillerlocke, Bückling, Aal, Makrele, Forelle, Räucherlachs, Matjes, Bismarckhering;

folgende Gemüse- und Salatsorten sowie Pilze: Auberginen, Brokkoli, Blumenkohl, grüne Bohnen, grüne Erbsen, Fenchel, Gurken, Karotten, Knoblauch, Kohlrabi, Lauch, frischer Mais, Paprika, Peperoni, Radieschen, Rettich, Rosenkohl, Rotkohl, Sauerkraut, Sellerie, Spargel, Spinat, Tomaten, Weißkohl, Wirsing, Zwiebeln, Zucchini, alle Blattsalate (z.B. Eisberg-, Endivien- und Feldsalat) Chicorée und Chinakohl sowie alle Pilzsorten;

alle Sprossen und Keimlinge;

alle Kräuter sowie **alle Gewürze;**

alle Nüsse und Samen (außer Erdnüssen), z.B. Haselnüsse, Kokosraspel, Mandeln;

Heidelbeeren;

ungeschwefelte Rosinen;

Oliven;

Eigelb;

Hefe;

klare, hochprozentige Spirituosen;

Kräutertees;

alle Geliermittel, z.B. Gelatine (tierisches Produkt), Agar-Agar (eine pulverisierte Meeresalge), pflanzliche Bindemittel.

Kohlenhydratgruppe

Alle Getreidesorten, z.B. Weizen, Roggen, Hafer, Grünkern, Hirse, getrockneter Mais, Naturreis;

Buchweizen;

alle Vollkorngetreideerzeugnisse, z.B. Vollkornbrot und -brötchen, Kuchen aus Vollkornmehl, Vollkornnudeln, Vollkorngrieß;

folgende Gemüse- und Obstsorten: Kartoffeln, Topinambur, Grünkohl, Schwarzwurzeln, Bananen, ungeschwefeltes Trockenobst (außer Rosinen – sie sind neutral; Korinthen hingegen zählen zu den Kohlenhydraten), frische Datteln und Feigen sowie mürbe, süße Äpfel;

folgende Süßungsmittel: Honig, Ahornsirup, Birnen- und Apfeldicksaft, Frutilose; Süßungsmittel dürfen in kleinen Mengen auch mit Lebensmitteln aus der Eiweißgruppe kombiniert werden;

Verschiedenes, z.B. Kartoffelstärke, Weinsteinbackpulver, Puddingpulver, Carobe, Bier.

Bitte meiden Sie:

weißes Mehl und daraus hergestellte Produkte, z.B. süße und pikante Backwaren sowie Nudeln; polierten Reis;

Zucker, Süßstoffe und damit hergestellte Produkte, z.B. Süßigkeiten und Marmeladen;

Fertiggerichte und Konserven;

getrocknete Hülsenfrüchte, z.B. Erbsen, Linsen, Bohnen;

Erdnüsse; Preiselbeeren;

Schweinefleisch sowie alle daraus hergestellten Produkte;

rohes Fleisch; rohes Eiweiß von Eiern;

fertige Mayonnaise; Essig;

gehärtete Fette, z.B. normale Margarinesorten und feste, weiße Fritier- und Bratfette;

schwarzen Tee, Kaffee, Kakao und hochprozentige Spirituosen.

Ob Sie ganz auf die unter dieser Rubrik genannten Lebensmittel verzichten, liegt in Ihrem Ermessen.

Dr. Hay rät besonders Nierenkranken vom Verzehr großer Mengen Spinat, Rhabarber, Kastanien, Meerrettich, Senf und Pfeffer ab.

Generell sollten Sie nur wenig Fleisch zu sich nehmen. Das gilt auch für Geräuchertes und Gepökeltes, das Stoffe enthält, von denen man annimmt, daß sie Krebs fördern können. Auch hier liegt es in Ihrem Ermessen, ob Sie ganz auf solche Nahrungsmittel verzichten.

Mengenplan

Die Gewichtsangaben und die Uhrzeiten sind nur ungefähre Richtlinien und sollten von Ihnen selbst erprobt werden.
Hungern und Fasten sind oftmals sinnlos, niemand soll hungern, denn dadurch wird Naschen vorprogrammiert. Aber denken Sie daran: Zum Gesundbleiben benötigt jeder Körper ausreichend Gemüse, Salate und Obst, die man zum Teil als Rohkost essen sollte.

1 Glas (etwa 200 ml) natriumarmes, stilles Mineralwasser

Frühstück:
Wählen Sie zwischen einer Kohlenhydrat-, einer Eiweiß- und einer Obstmahlzeit

Kohlenhydratmahlzeit:
1 Scheibe Vollkornbrot (50 g)
oder 1 Vollkornbrötchen
oder 3 Scheiben Vollkornknäckebrot;
diese dünn mit Butter oder Margarine bestreichen und mit folgendem belegen bzw. bestreichen:
30 g rohe Wurst (ca. 3 dünne Scheiben)
oder 30 g Käse ab 60 % Fett i.Tr.
oder 50 g Quark (ca. 2 EL)
oder 2 TL Honig
als Alternative dazu: ein Müsli oder einen Getreidebrei (Seite 10–12)

Eiweißmahlzeit:
2 Eier als Spiegeleier, Rühreier, gekocht oder im Glas – mehr als 3 Eier pro Woche sind aber nicht empfehlenswert;
dazu: Tomaten, Gurken, Paprikaschoten, Radieschen oder ein anderes neutrales Gemüse, aber kein Brot

Obstmahlzeit:
frisches Obst der Saison (außer Bananen, Feigen und Datteln) in beliebiger Menge
Wer auf seinen Kaffee oder schwarzen Tee nicht verzichten möchte, sollte ihn mit etwas Sahne, eventuell auch mit Honig verfeinern.
Wichtig: Jeden Bissen sorgfältig kauen und gut einspeicheln. Kaffee oder Tee ist kein Speichelersatz.

1 großes Glas Früchte- oder Kräutertee oder natriumarmes, stilles Mineralwasser

1 großes Glas Früchte- oder Kräutertee oder natriumarmes, stilles Mineralwasser

Zwischenmahlzeit:
200 g Obst der Saison (aber keine Bananen, Feigen und Datteln)
oder 250 ml frische Milch
oder 250 g gesäuerte Milchprodukte
oder 100 g Obst (aber keine Bananen, Feigen oder Datteln) und dazu 125 ml Milch
oder 125 g gesäuerte Milchprodukte

1 großes Glas Früchte- oder Kräutertee oder natriumarmes, stilles Mineralwasser

Mittagessen:
Zum Mittagessen haben Sie die Wahl zwischen einer Eiweiß- und einer Kohlenhydratmahlzeit

Eiweißmahlzeit
100–150 g Fleisch
oder 150–200 g Fisch
oder 2 Eier
oder 60 g Käse bis 50 % Fett i.Tr.
oder 80 g gegarte Wurstsorten;
dazu 400 g neutrales Gemüse und Salat

Kohlenhydratmahlzeit:
50 g Getreide (roh gewogen)
oder 50 g Naturreis (roh gewogen)
oder 50 g Vollkornnudeln (roh gewogen)
oder 200 g Kartoffeln;
dazu 400 g Gemüse und Salat
Dazu können noch 30–50 g neutrale Lebensmittel oder Speisen gegessen werden (siehe Trennungsplan Seite 6 und 7)
Zusätzlich zu den Zutaten für die Eiweiß- oder Kohlenhydratmahlzeit können Sie kleine Mengen Butter, Margarine, Öl oder Sahne verwenden. Sie sind alle neutral und passen immer dazu.

1 großes Glas Früchte- oder Kräutertee oder natriumarmes, stilles Mineralwasser

1 großes Glas Früchte- oder Kräutertee oder natriumarmes, stilles Mineralwasser

1 großes Glas Früchte- oder Kräutertee oder natriumarmes, stilles Mineralwasser

Zwischenmahlzeit:
1 Banane
oder 1 Müsliriegel ohne Zucker
oder 1 Stück Kuchen
oder 2–3 Plätzchen
oder 1 Scheibe Knäckebrot mit Honig
oder 2 EL Quark mit 1 TL Honig
oder 1 EL Vollkornhaferflocken und 1 Becher Joghurt
oder 200 g gesäuerte Milchprodukte
(Keine Frischmilch trinken, da sie nachmittags schwerer verdaulich ist.)

1 großes Glas Früchte- oder Kräutertee oder natriumarmes, stilles Mineralwasser

Abendessen:
Am Abend hat man die Auswahl bei den **Kohlenhydratgerichten**
50 g Getreide (roh gewogen)
oder 100 g Vollkornbrot
oder 50 g Naturreis (roh gewogen)
oder 50 g Vollkornnudeln (roh gewogen)
oder 200 g Kartoffeln;
dazu 400 g Gemüse und Salat, 30–50 g neutrale Lebensmittel und in kleinen Mengen Butter, Margarine, Öl, oder Sahne

FRÜHSTÜCK UND SNACKS

Hier finden Sie eine bunte Palette gesunder Frühstücksideen und Snacks für den kleinen Hunger – vom Müsli bis zum Rührei.

Fitneßmüsli

- Kohlenhydratgericht
- Zubereitungszeit: ca. 10 Min.
- ca. 440 kcal je Portion

5 EL ungezuckerte Müsliflockenmischung (ca. 50 g, evtl. selbsthergestellt oder aus dem Reformhaus)
50 g ungeschwefeltes Trockenobst (Korinthen, Feigen, Aprikosen, Pflaumen)
150 g fettarmer Kefir
1 TL Apfeldicksaft

1. Die Müsliflocken in ein Schälchen geben.

2. Das Trockenobst kleinschneiden und untermengen.

3. Den Kefir mit Birnendicksaft süßen und über die Müslimischung gießen.

Variation:
Sie können anstelle der Müsliflockenmischung auch Vollkornhaferflocken nehmen. Diese sättigen ebenso lange und sind genauso gesund.

Tip:
Bereiten Sie aus den Müslizutaten (Müsliflocken, kleingeschnittenes Trockenobst) gleich die Vorratsmenge für 1 Woche zu, und heben Sie die Müslimischung in einer dichtschließenden Vorratsdose auf. So geht's am Morgen oder zwischendurch noch schneller.

SCHNELL
VOLLWERTIG

Managerfrühstück

- Kohlenhydratgericht
- Zeit zum Einweichen: ca. 8 Std.
- Zubereitungszeit: ca. 10 Min.
- ca. 400 kcal je Portion

25 g Weizenkörner
1 EL ungeschwefelte Rosinen
1 kleiner mürber Apfel, 1 kleine Banane
1 EL gehackte Haselnüsse
150 g Dickmilch 3,5% Fett

1. Weizenkörner und Rosinen über Nacht in Wasser einweichen, am Morgen abgießen.

2. Apfel und Banane kleinschneiden und zusammen mit Weizenkörnern und Rosinen in ein Schälchen geben. Die Haselnüsse mit der Dickmilch verrühren und dann unter das Müsli mischen.
(auf dem Foto: links)

Apfelschnittchen

- Kohlenhydratgericht
- Zubereitungszeit: ca. 5 Min.
- ca. 360 kcal je Portion

3 Scheiben Vollkornknäckebrot
3 EL Speisequark 20% Fett i.Tr.
1 großer mürber Apfel (ca. 150 g)
evtl. 2 TL flüssiger Honig

1. Die Knäckebrote jeweils mit etwa 1 Eßlöffel Quark bestreichen.

2. Den Apfel waschen, trockenreiben, in Viertel schneiden und vom Kerngehäuse befreien. Die Apfelviertel auf den Knäckebroten anordnen und eventuell mit Honig beträufeln.
(auf dem Foto: rechts)

Gemüseschnitte

- Kohlenhydratgericht
- Zubereitungszeit: ca. 5 Min.
- ca. 160 kcal je Portion

1 Scheibe Leinsamenbrot
1 TL hochwertige Pflanzenmargarine
2 Scheiben Gemüsesülze
1 Radieschen, in Scheiben
1 TL Kresse zum Garnieren

1. Das Brot mit Pflanzenmargarine bestreichen und die Sülzescheiben schuppenartig darauf verteilen.

2. Das Radieschen in feine Scheiben schneiden. Das Brot mit Radieschenscheiben und Kresse garnieren.
(auf dem Foto: links)

Vollkornbrot mit Kressecreme

- Kohlenhydratgericht
- Zubereitungszeit: ca. 5 Min.
- ca. 260 kcal je Portion

1 Scheibe Vollkornbrot
1 TL hochwertige Pflanzenmargarine
1 Kästchen Kresse
2 EL saure Sahne
1 Prise Kräutersalz

1. Das Brot mit der Pflanzenmargarine bestreichen.

2. Die Kresse fein hacken und mit der sauren Sahne mischen.

3. Die Creme auf das Brot geben und alles leicht mit Kräutersalz würzen.
(auf dem Foto: rechts)

Radieschen-Gurken-Hörnchen

- Kohlenhydratgericht
- Zubereitungszeit: ca. 5 Min.
- ca. 350 kcal je Portion

1 Vollkornhörnchen
40 g Doppelrahmfrischkäse 60% Fett i.Tr.
5 mittelgroße Radieschen
100 g Salatgurke, weißer Pfeffer
Kräutersalz, 2 EL Schnittlauchröllchen

1. Das Hörnchen längs halbieren und den Doppelrahmfrischkäse auf die beiden Hälften streichen.

2. Radieschen und Gurkenstück in Scheiben schneiden und schuppenartig auf die Hörnchenhälften legen. Mit Pfeffer und Kräutersalz würzen, mit Schnittlauch bestreuen.
(auf dem Foto: oben links.)

Garniertes Käsebrötchen

- Kohlenhydratgericht
- Zubereitungszeit: ca. 5 Min.
- ca. 290 kcal je Portion

1 Vollkornbrötchen, 2 TL Butter
1 Scheibe Butterkäse 60% Fett i.Tr.
1 kleine Tomate, 2 kleine Champignons

1. Brötchen halbieren und mit Butter bestreichen. Käsescheibe diagonal halbieren und auf jede Hälfte ein Käsedreieck legen.

2. Tomate vom Stielansatz befreien und in Scheiben schneiden. Champignons in Scheiben schneiden. Die Brötchenhälften mit Tomaten- und Champignonscheiben garnieren.
(auf dem Foto: oben rechts)

Vollkornbrot mit Karottenrohkost

- Kohlenhydratgericht
- Zubereitungszeit: ca. 10 Min.
- ca. 170 kcal je Portion

1 Scheibe Vollkornbrot
1 TL Pflanzenmargarine
100 g Karotten
etwas Kräutersalz
2 EL gehackte Petersilie

1. Das Brot mit der Margarine bestreichen.

2. Die Karotten schälen, raspeln, mit Kräutersalz und Petersilie mischen und auf dem Brot verteilen.
(auf dem Foto: unten links)

Paprikabrot

- Kohlenhydratgericht
- Zubereitungszeit: ca. 5 Min.
- ca. 190 kcal je Portion

1 Scheibe Vollkornbrot
1 EL Doppelrahmfrischkäse 60% Fett i.Tr.
$^1/_2$ rote Paprikaschote
gemahlener weißer Pfeffer
Kräutersalz
1 EL feingehackte Petersilie

1. Das Brot mit Doppelrahmfrischkäse bestreichen.

2. Die Paprikahälfte sehr fein würfeln, die Würfelchen auf das Brot geben und mit Pfeffer und Kräutersalz würzen. Das Brot mit Petersilie bestreuen.
(auf dem Foto: unten rechts)

Nußjoghurt

- neutrales Gericht
- Zubereitungszeit: ca. 5 Min.
- ca. 300 kcal je Portion

1 EL feingeriebene Walnußkerne
1 EL feingeriebene Haselnüsse
1 EL Sahne
1 TL flüssiger Honig
150 g Vollmilchjoghurt
1 grobgehackte Walnußkernhälfte

1. Die geriebenen Nüsse in ein Schüsselchen geben.

2. Sahne, Honig und Joghurt hinzufügen und alles gut verrühren.

3. Den Nußjoghurt mit der grobgehackten Walnußkernhälfte bestreuen.

Variation:
Statt der Nüsse können Sie auch Pistazien, Pinienkerne oder Mandeln verwenden.

Heidelbeerquark

- neutrales Gericht
- Zubereitungszeit: ca. 5 Min.
- ca. 380 kcal je Portion

150 g Speisequark 20% Fett i.Tr.
1 EL Zitronensaft
2 TL flüssiger Honig
100 g frische Heidelbeeren
1 EL geschälte Sonnenblumenkerne

1. Den Quark mit dem Zitronensaft und dem Honig glattrühren.

2. Die Heidelbeeren mit einer Gabel grob zerdrücken und unter den Quark mischen, dann die Sonnenblumenkerne grob hacken und darüberstreuen.

Tip:
Rösten Sie die Sonnenblumenkerne ohne Fettzugabe in einer beschichten Pfanne an, dann sind sie besonders knackig und nussig im Geschmack.

Kräuterkefir

- neutrales Gericht
- Zubereitungszeit: ca. 5 Min.
- ca. 110 kcal je Portion

2 EL Schnittlauchröllchen
2 EL feingehackter Dill
1 TL feingehackte Zitronenmelisse
200 g fettarmer Kefir
gemahlener weißer Pfeffer
Kräutersalz

1. Die gehackten Kräuter und den Kefir im Mixer kräftig miteinander verquirlen.

2. Den Drink mit Pfeffer und Salz abschmecken.

Variation:
Je nach Jahreszeit können Sie auch andere frische Kräuter verwenden, z.B. Kerbel, Estragon, Kresse oder Basilikum.

Tip:
Mischen Sie die Kräuter unter dickflüssigen Joghurt, dann haben Sie ein würziges Dressing für Blattsalate.

Karottendrink

- neutrales Gericht
- Zubereitungszeit: ca. 5 Min.
- ca. 120 kcal je Portion

100 g Karotten
100 ml Selleriesaft (Reformhaus)
2 Blättchen feingewiegter Liebstöckel
2 EL Sangrita pikante
2 EL Dickmilch 3,5% Fett
1 Spritzer Zitronensaft

1. Die Karotten schälen, fein reiben und mit Selleriesaft, Liebstöckel und Sangrita mischen.

2. Die Dickmilch unterrühren und den Drink mit Zitronensaft abrunden.

Variation:
Besonders herzhaft schmeckt das Getränk, wenn Sie statt Selleriesaft Rote-Bete-Saft verwenden.

Spiegeleier mit Tomaten

- Eiweißgericht
- Zubereitungszeit: ca. 1/4 Std.
- ca. 290 kcal je Portion

2 Tomaten, 1–2 TL Pflanzenöl
weißer Pfeffer, Kräutersalz
2 EL gehackte Petersilie, 2 Eier

1. Die Tomaten vom Stielansatz befreien und in Scheiben schneiden. Das Öl in einer Pfanne erhitzen und die Tomatenscheiben darin anbraten. Mit Pfeffer und Kräutersalz würzen.

2. Die Tomaten bei mittlerer Hitze ungefähr 5 Minuten dünsten, Dann die Eier einzeln darüber schlagen, die Petersilie darauf streuen und das Ganze auf mittlerer Garstufe stocken lassen.
(auf dem Foto: oben)

Rührei mit Pilzen

- Eiweißgericht
- Zubereitungszeit: ca. 1/4 Std.
- ca. 280 kcal je Portion

100 g frische Champignons
1 EL Butter, 2 Eier
2 EL Milch, 2 EL gehackte Petersilie
weißer Pfeffer, Kräutersalz

1. Die Champignons blättrig schneiden. Die Butter in einer beschichteten Pfanne erhitzen.

2. Die Pilze in der Butter etwa 3 Minuten andünsten.

3. Die Eier mit den restlichen Zutaten verquirlen, darübergießen und stocken lassen.
(auf dem Foto: Mitte)

Buntes Gemüserührei

- Eiweißgericht
- Zubereitungszeit: ca. 1/4 Std.
- ca. 320 kcal je Portion

1 kleine Zwiebel
1 Karotte
1 kleiner Zucchino
1 EL Pflanzenöl
2 Eier
2 EL Milch
2 EL feingehackte Petersilie
gemahlener weißer Pfeffer
Salz

1. Die Zwiebel fein hacken, die Karotte und den Zucchino grob raspeln.

2. Das Öl in einer beschichteten Pfanne erhitzen und das Gemüse darin in etwa 4 Minuten unter gelegentlichem Wenden andünsten.

3. Die Eier mit Milch, Petersilie und den Gewürzen verquirlen und über das Gemüse gießen. Die Masse stocken lassen, dann mit einem Holzlöffel etwas zusammenschieben und fertigbacken.
(auf dem Foto: unten)

Variation:
Statt des Zucchinos können Sie auch zarten Lauch verwenden.

Tip:
Besonders würzig schmeckt das Rührei, wenn Sie 1–2 Eßlöffel geriebenen Parmesan oder Emmentaler unter die Eimasse rühren. Salzen Sie dann aber vorsichtig.

Exotischer Fruchtsalat

- Eiweißgericht
- Zubereitungszeit: ca. 1/4 Std.
- ca. 340 kcal je Portion

1 Kiwi
1 rosa Grapefruit
1 Stück Mangofruchtfleisch (ca. 50 g)
100 g Dickmilch 3,5% Fett
1 TL flüssiger Honig
2 EL gehackte Pinienkerne

1. Die Kiwi schälen, in Scheiben schneiden und auf einen Teller legen. Die Grapefruit sorgfältig schälen, halbieren und die Filets herauslösen. Das Mangostück schälen, würfeln, mit den Grapefruitfilets mischen und beides auf den Kiwischeiben anrichten.

2. Die Dickmilch, den Honig und die Pinienkerne darübergeben. Sofort servieren.
(auf dem Foto oben: links)

Orangenquark

- Eiweißgericht
- Zubereitungszeit: ca. 1/4 Std.
- ca. 330 kcal je Portion

2 kleine Orangen oder Blutorangen
150 g Speisequark 20% Fett i.Tr.
1–2 TL Frutilose (Obstdicksaft)
1 TL gehackte Pistazien
etwas Zitronenmelisse zum Garnieren

1. Eine Orange auspressen, den Saft mit dem Quark verrühren. Die zweite Orange schälen und kleinschneiden, die Stückchen zusammen mit Frutilose unter den Quark mischen.

2. Die Pistazien darüberstreuen und die Quarkspeise mit Zitronenmelisse garnieren.
(auf dem Foto unten: links)

Frischkäse mit Mandarinen

- Eiweißgericht
- Zubereitungszeit: ca. 10 Min.
- ca. 340 kcal je Portion

2 kernlose Mandarinen (Clementinen)
1 Becher körniger Frischkäse (ca. 200 g)
1 TL Ahornsirup
1 EL gehackte Pistazien

1. Die Mandarinen schälen, in Spalten teilen, diese halbieren und abwechselnd mit dem Frischkäse in ein Glas schichten.

2. Die Mandarinenmischung mit Ahornsirup beträufeln und mit Pistazien bestreuen.
(auf dem Foto oben: rechts)

Gefüllte Grapefruit

- Eiweißgericht
- Zubereitungszeit: ca. 1/4 Std.
- ca. 270 kcal je Portion

1 rosa Grapefruit, 50 g Weintrauben
3 EL körniger Frischkäse
1 TL flüssiger Honig, 1 EL Mandelblättchen
etwas Zitronenmelisse zum Garnieren

1. Die Grapefruit halbieren, das Fruchtfleisch jeweils aus den Schalenhälften herauslösen und in Stücke schneiden.

2. Die Weintrauben halbieren, dabei entkernen, dann mit den Grapefruitstücken und dem Frischkäse mischen.

3. Die Fruchtmischung in die Grapefruitschalenhälften füllen und den Honig sowie die Mandelblättchen darübergeben. Mit Zitronenmelisse garnieren.
(auf dem Foto unten: rechts)

SCHNELL • **FRISCH**

SCHNELL • **FRISCH**

SALATE UND SUPPEN

Die Vielfalt dieser Rezeptkompositionen ist geradezu unerschöpflich, wobei das Hay'sche Trennungsprinzip zu immer neuen Kombinationen reizt. Beachten Sie dabei, daß nach Dr. Hay Salate nicht mit Essig angemacht werden. Verwenden Sie stattdessen Zitrussäfte (für Eiweißgerichte), Sauermilchprodukte (für neutrale Gerichte) und vergorenes Molkenkonzentrat, also Molkosan (für Kohlenhydratgerichte).

Fenchelsalat mit Banane

- Kohlenhydratgericht
- Zubereitungszeit: ca. 1/4 Std.
- ca. 230 kcal je Portion

1 Fenchelknolle mit Grün
1 kleine Banane
1 TL vergorenes Molkenkonzentrat (Molkosan)
3 EL Sahnejoghurt
gemahlener weißer Pfeffer
Meersalz

1. Von der Fenchelknolle den Strunk entfernen. Dann die Triebe und das Grün abschneiden und beides fein wiegen. Die Knolle quer.in feine Streifen schneiden.

2. Die Fenchelstreifen in kochendem Wasser etwa 1 Minute blanchieren, sie herausnehmen, abtropfen und erkalten lassen.

3. Die Banane schälen, in Scheibchen schneiden und mit den Fenchelstreifen und dem Fenchelgrün mischen.

4. Das Molkenkonzentrat mit Sahnejoghurt, Pfeffer und Meersalz verrühren und über den Salat geben.
(auf dem Foto rechts: links)

Tomatensalat mit Kresse

- neutrales Gericht
- Zubereitungszeit: ca. 10 Min
- ca. 160 kcal je Portion

250 g möglichst kleine Tomaten
1 Kästchen Kresse (ca. 20 g)
1 kleine Zwiebel
2 EL Schnittlauchröllchen
1 TL vergorenes Molkenkonzentrat (Molkosan)
gemahlener weißer Pfeffer
Meersalz
1 EL kaltgepreßtes Sonnenblumenöl

1. Die Tomaten vom Stielansatz befreien, in dünne Spalten schneiden und mit der abgeschnittenen Kresse mischen.

2. Die Zwiebel fein würfeln und mit den übrigen Zutaten und 1 Eßlöffel Wasser verrühren. Das Dressing unter den Salat mengen.
(auf dem Foto unten: rechts)

SCHNELL • **FEIN-WÜRZIG**

Karottenrohkost mit Mandeln

- neutrales Gericht
- Zubereitungszeit: ca. 1/4 Std.
- ca. 350 kcal je Portion

300 g Karotten
1 TL Frutilose (Obstdicksaft)
gemahlener weißer Pfeffer
Meersalz
3 EL gehobelte Mandeln
1 TL vergorenes Molkenkonzentrat (Molkosan)
3 EL Sahnejoghurt
evtl. ein frisches kleines Karöttchen mit Grün zum Garnieren

1. Die Karotten abbürsten und fein raspeln, dann mit Frutilose, Pfeffer und Salz mischen.

2. Die gehobelten Mandeln in einer beschichteten Pfanne ohne Fettzugabe anrösten und unter die Karottenraspel mischen.

3. Das Molkosan mit dem Sahnejoghurt mischen und die Sauce unter den Salat mengen. Den Salat auf einem Teller anrichten und eine kleine geschälte Karotte mit Grün als Garnitur an den Tellerrand legen.

Variation:
Bereiten Sie den Salat mit 150 g geraspelten Karotten und 150 geraspeltem Knollensellerie zu.

Rohkostteller „Chinatown"

- neutrales Gericht
- Zubereitungszeit: ca. 25 Min.
- ca.150 kcal je Portion

1 kleine zarte Lauchstange
150 g Karotten
1 kleiner zarter Rettich
50 g frische Egerlinge oder Champignons
3 EL frische Mungbohnensprossen (selbstgezogen oder gekauft)
100 g Dickmilch 3,5% Fett
1 Spritzer Worcestershiresauce
1 Msp. China-Gewürzmischung
1 Prise Meersalz

1. Den Lauch in feine Ringe schneiden. Die Lauchringe in einem Sieb mit kochendem Wasser überbrühen und dann gut abtropfen lassen.

2. Die Karotten abbürsten und grob raspeln. Den Rettich schälen und ebenfalls grob raspeln. Die Pilze putzen und blättrig schneiden.

3. Das Gemüse zusammen mit den Pilzen auf einem Teller anrichten und mit den Sprossen bestreuen.

4. Die Dickmilch mit den Gewürzen und einer Prise Meersalz verrühren und die Sauce über der Rohkost verteilen.

Chicoréesalat „Herbstsonne“

- Eiweißgericht
- Zubereitungszeit: ca. 20 Min.
- ca. 560 kcal je Portion

2 kleine Chicoréestauden
1 vollreife Birne
100 g blaue Weintrauben
1 Orange
1 EL geschälte Sonnenblumenkerne
100 g Sahnedickmilch
30 g Edelpilzkäse 70% Fett i.Tr.
(z.B. Bavaria blue, Cambozola)

1. Von den Chicoréestauden den bitteren Strunk keilförmig herausschneiden, dann die Blätter auseinanderpflücken und diese auf einem großen Teller strahlenförmig auslegen.

2. Die Birne vierteln, entkernen und die Viertel in Scheibchen schneiden. Die Trauben nach Belieben ganz lassen oder sie halbieren und dabei die Kerne entfernen.

3. Die Orange halbieren, eine Hälfte schälen und die Filets herauslösen, die andere Hälfte auspressen. Die Früchte über dem Chicorée verteilen und alles mit Sonnenblumenkernen bestreuen.

4. Den Käse mit einer Gabel zerdrücken, zusammen mit dem frischgepreßten Orangensaft unter die Sahnedickmilch rühren und das Dressing über den Salat geben.
(auf dem Foto: oben)

Endiviensalat mit Weizenkeimlingen

- Eiweißgericht
- Zubereitungszeit: ca. 25 Min.
- ca. 210 kcal je Portion

150 g Endiviensalat
100 g Knollensellerie
3 EL Weizenkeimlinge
(selbstgezogen oder gekauft)
1 fester, säuerlicher Apfel
$^1/_2$ unbehandelte Orange
100 g fettarmer Kefir
1 Prise gemahlener Ingwer
gemahlener weißer Pfeffer
Meersalz

1. Den Endiviensalat nudelig schneiden, in lauwarmem Wasser waschen und in einem Sieb gut abtropfen lassen.

2. Den Sellerie in sehr feine Streifen schneiden, etwa 1 Minute in kochendem Salzwasser blanchieren, dann mit den Weizenkeimlingen unter den Endiviensalat mischen. Den Salat auf einen großen Teller geben.

3. Den Apfel entkernen, in sehr feine Spalten teilen und diese auf dem Salat anrichten. Die Schale der Orangenhälfte abreiben, dann die Frucht auspressen.

4. Geriebene Orangenschale und -saft unter den Kefir rühren und die Sauce mit Ingwer, Pfeffer und Meersalz abschmecken. Die Sauce über dem Salat verteilen.
(auf dem Foto: unten)

Klare Gemüsesuppe mit Buchweizen

- Kohlenhydratgericht
- Zubereitungszeit: ca. 1/2 Std.
- ca. 330 kcal je Portion

1 kleine Stange Lauch
2 Karotten
1 Stück Knollensellerie
1 EL Butter
3 gehäufte EL Buchweizen
500 ml vegetarische Gemüsebrühe (aus Instantpulver)
1–2 EL gehackte Petersilie

1. Den Lauch in Streifen, das restliche Gemüse in Würfel schneiden. Die Butter in einem Topf erhitzen und das Gemüse darin ungefähr 3 Minuten unter gelegentlichem Rühren andünsten.

2. Den Buchweizen dazugeben, kurz mitdünsten, dann die Brühe angießen. Aufkochen lassen, dann bei schwacher Hitze zugedeckt etwa 1/4 Stunde weiterkochen lassen. Mit Petersilie bestreut servieren.

Kartoffel-Lauch-Suppe

- Kohlenhydratgericht
- Zubereitungszeit: ca. 1/2 Std.
- ca. 250 kcal je Portion

1 kleine Stange Lauch
200 g mehligkochende Kartoffeln
500 ml vegetarische Gemüsebrühe (aus Instantpulver)
Muskat
gemahlener weißer Pfeffer
Meersalz
2 EL Sahnedickmilch
1 EL gehackter Majoran

1. Den Lauch in feine Ringe schneiden. Die Kartoffeln schälen und würfeln.

2. Die Brühe zum Kochen bringen und das Gemüse hineingeben. Zugedeckt bei mäßiger Hitze in etwa 20 Minuten sehr weich kochen.

3. Den Topf vom Herd nehmen und das Ganze mit dem Passierstab pürieren. Mit Muskat, Pfeffer und Meersalz abschmecken. Die Sahnedickmilch unterziehen und die Suppe mit Majoran würzen.

Klare Paprikasuppe mit Croûtons

- Kohlenhydratgericht
- Zubereitungszeit: ca. 20 Min.
- ca. 260 kcal je Portion

200 g rote Paprikaschoten
1 kleine Zwiebel
1 EL Butter
400 ml vegetarische Gemüsebrühe (aus Instantpulver)
1 TL Basilikum, in Streifen geschnitten
Pfeffer aus der Mühle
2 Scheiben Vollkorntoastbrot
1 kleine Knoblauchzehe

1. Die Paprika und die Zwiebel fein würfeln. Die Butter in einem Topf erhitzen und beides darin unter Rühren ungefähr 3 Minuten andünsten.

2. Die Brühe zufügen und die Suppe 5 Minuten köcheln lassen. Mit Basilikum und Pfeffer würzen.

3. Das Toastbrot rösten und nach Geschmack mit Knoblauch einreiben. Die Scheiben würfeln und in eine Terrine geben. Die heiße Suppe darauf füllen.

Champignoncremesuppe

- Kohlenhydratgericht
- Zubereitungszeit: ca. 25 Min.
- ca. 410 kcal je Portion

100 g frische Champignons
1 kleine Zwiebel, 1 EL Butter
2 EL Weizenvollkornmehl
50 g Sahne
400 ml kalte vegetarische Gemüsebrühe
1 Prise Muskat
1–2 EL gehackte Petersilie

1. Die eine Hälfte der Champignons in Scheiben schneiden, die andere grob hacken. Die Zwiebel fein würfeln.

2. Die Butter in einem Topf erhitzen und die Zwiebeln darin andünsten, dann die Pilze dazugeben und alles etwa 3 Minuten unter Rühren dünsten. Das Mehl darüberstäuben und unter weiterem Rühren kurz anschwitzen.

3 Den Topf vom Herd nehmen, die Mischung mit Sahne ablöschen und glattrühren. Etwas Brühe dazugeben und den Topf wieder erhitzen. Weiterrühren, dabei immer wieder Brühe zugießen. Zum Schluß die Suppe unter Rühren etwa 5 Minuten köcheln lassen, dann mit Muskat und Petersilie würzen.

Brokkolisuppe

- neutrales Gericht
- Zubereitungszeit: ca. 25 Min.
- ca. 180 kcal je Portion

250 g Brokkoli
400 ml vegetarische Gemüsebrühe (aus Instantpulver)
gemahlener weißer Pfeffer
Muskat
3 EL saure Sahne mind. 10% Fett

1. Den Brokkoli in kleine Stücke und Röschen teilen.

2. Die Brühe zum Kochen bringen und den Brokkoli hineingeben. Ihn in etwa 10 Minuten bei schwacher Hitze weich kochen, dann das Ganze mit dem Pürierstab pürieren oder durch ein Haarsieb streichen.

3. Die Suppe mit Muskat und Pfeffer abschmecken und 2 Eßlöffel saure Sahne unterziehen. Die Suppe nicht mehr kochen lassen. Die restliche saure Sahne als Klecks auf die Suppe geben.
(auf dem Foto: oben)

Variation:

Statt Brokkoli können Sie auch Blumenkohl oder Kohlrabi nehmen. Verwenden Sie bei Kohlrabi die zarten inneren Blätter mit. Wer die Suppe im Geschmack milder mag, nimmt statt saurer Sahne süße Sahne.

Kaltes Süppchen „Kräutergarten"

- neutrales Gericht
- Zubereitungszeit: ca. 20 Min.
- ca. 280 kcal je Portion

250 g fettarmer Kefir, gut gekühlt
100 g Sahnedickmilch
100 g Salatgurke
1 kleiner Zweig Zitronenmelisse, gewiegt
2 EL Schnittlauchröllchen
2 EL feingehackter Dill
1 EL feingehackter Kerbel
1 Blättchen Basilikum, gewiegt
1 kleine durchgepreßte Knoblauchzehe
gemahlener weißer Pfeffer
Meersalz

1. Den Kefir mit der Sahnedickmilch gut verquirlen.

2. Das Gurkenstück schälen und grob raspeln, dann unter die Kefirmischung rühren.

3. Die Kräuter und den Knoblauch untermischen. Alles gut verrühren und die Suppe mit Pfeffer und Meersalz abschmecken.
(auf dem Foto: unten)

Variation:

In die Suppe passen auch gut geviertelte Kirschtomaten.

Tip:

Diese Suppe schmeckt gut gekühlt am besten. Sie ist besonders im Sommer eine beliebte Mahlzeit und eignet sich auch als Erfrischung zwischendurch.

Avocadocremesuppe mit Räucherforelle

- Eiweißgericht
- Zubereitungszeit: ca. 1/2 Std.
- ca. 490 kcal je Portion

1/2 kleine Zwiebel
1/2 kleine Knoblauchzehe
1 TL Pflanzenöl
400 ml vegetarische Gemüsebrühe (aus Instantpulver)
1/2 Avocado ohne Stein
2 EL Limettensaft
weißer Pfeffer
1/2 geräuchertes Forellenfilet
1 EL Sahnedickmilch

1. Die Zwiebel und die Knoblauchzehe fein hacken. Das Öl in einem Topf erhitzen und Zwiebel und Knoblauch darin glasig dünsten.

2. Die Brühe dazugießen und die Suppe einmal aufkochen lassen. Aus der Avocadohälfte den Stein herauslösen, das Fruchtfleisch auslösen, fein würfeln und in den Topf geben.

3. Dann den Limettensaft dazugeben und alles unter Rühren noch etwa 1 Minute bei milder Hitze ziehen lassen. Die Suppe mit dem Pürierstab pürieren, dann mit Pfeffer abschmecken.

4. Vom Forellenfilet die Haut entfernen, das Filet zerpflücken und zur Suppe geben. Diese mit einem Klecks Sahnedickmilch servieren.
(auf dem Foto oben)

Gemüsesuppe mit Käse

- Eiweißgericht
- Zubereitungszeit: ca. 1/2 Std.
- ca. 310 kcal je Portion

1 Fleischtomate
1 Zwiebel
1 kleines Stück Lauch (ca. 30 g)
1 Karotte
1 Stück Knollensellerie (ca. 30 g)
1 EL Butter
1 Zweig frisches Basilikum, gehackt
2 Blättchen Estragon, gehackt
400 ml vegetarische Gemüsebrühe (aus Instantpulver)
2 EL geriebener Emmentaler

1. Die Tomate würfeln, die Zwiebel fein hacken, den Lauch in feine Streifen schneiden, die Karotte und den Sellerie schälen und fein würfeln.

2. Die Butter erhitzen und das Gemüse darin unter Rühren etwa 5 Minuten andünsten, dann die gehackten Kräuter dazugeben und etwa 1 Minute mitdünsten.

3. Die Brühe dazugießen und die Suppe zum Kochen bringen. Etwa 10 Minuten bei schwacher Hitze zugedeckt kochen lassen, dann in eine kleine Terrine füllen und mit dem Käse bestreuen.
(auf dem Foto unten)

Variation:

Verquirlen Sie den geriebenen Käse mit 1 Ei, und gießen Sie diese Mischung über die heiße Suppe. Dann wird die Suppe unter dem Grill überbacken, bis die Eimasse gestockt ist.

SCHNELL • FEINAROMATISCH

SCHNELL • HERZHAFT

Hauptmahlzeiten

Unsere Hauptmahlzeiten überraschen selbst den verwöhnten Gaumen. Vegetarier kommen dabei ebenso auf ihre Kosten wie Freunde der Fleisch- und Fischküche. Wichtig ist aber, zusammen mit der Fleisch- und Fischmahlzeit keine kohlenhydratreichen Beilagen, sondern eine große Portion Salat oder Gemüse zu verzehren.

Kartoffel-Kraut-Pfanne

- Kohlenhydratgericht
- Zubereitungszeit: ca. 40 Min.
- ca. 570 kcal je Portion

200 g festkochende Kartoffeln
1 Zwiebel
300 g Weißkraut
3 EL Sonnenblumenöl
gemahlener weißer Pfeffer
Meersalz, 1 TL Kümmel
1–2 EL saure Sahne
1 EL Schnittlauchröllchen

1. Die Kartoffeln schälen und in feine Scheiben hobeln. Die Zwiebel in feine Ringe schneiden. Das Weißkraut fein hobeln.

2. Eine beschichtete Pfanne erhitzen und das Öl hineingeben. Die Kartoffelscheiben darin ausbreiten und etwa 3 Minuten anbraten, sie wenden, dann die Zwiebelringe 3 Minuten mitbraten.

3. Das Kraut und die Würzzutaten hinzufügen, alles bei mittlerer Hitze unter gelegentlichem Wenden 10–15 Minuten dünsten.

4. Die Kartoffel-Kraut-Mischung mit einem Klacks saurer Sahne anrichten und mit Schnittlauch bestreuen.
(auf dem Foto rechts: links)

Kartoffel-Gemüse-Rösti

- Kohlenhydratgericht
- Zubereitungszeit: ca. 35 Min.
- ca. 510 kcal je Portion

200 g festkochende Kartoffeln
200 g Karotten
100 g zarte Zucchini
3 EL Sonnenblumenöl
1 TL Kräuter der Provençe
gemahlener weißer Pfeffer
Meersalz

1. Die Kartoffeln schälen und raspeln. Die Karotten abbürsten, die Zucchini ungeschält lassen, beides grob raspeln.

2. Das Öl in einer beschichteten Pfanne erhitzen, die Kartoffelraspel darin ausbreiten und etwa 3 Minuten anbraten.

3. Die Karotten- und Zucchiniraspel zusammen mit Kräutern und Würzzutaten hinzufügen und das Ganze wenden.

4. Die Rösti in 10 Minuten bei mittlerer Hitze fertigbacken, sie dabei gelegentlich wenden.
(auf dem Foto unten: rechts)

BRAUCHT ZEIT • **DEFTIG**

Petersilienkartoffeln mit Brokkoli

- Kohlenhydratgericht
- Zubereitungszeit: ca. 40 Min.
- ca. 460 kcal je Portion

200 g Kartoffeln
etwas Meersalz
300 g Brokkoli
1 EL Butter
2 EL feines Weizenvollkornmehl
2 EL Sahne
$^1/_2$ TL vegetarische Gemüsebrühe (Instantpulver)
gemahlener weißer Pfeffer
Muskat
2 EL gehackte Petersilie

1. Die Kartoffeln schälen, in Stücke schneiden und in Salzwasser garen. Den Brokkoli in 10 cm lange Stücke schneiden und ebenfalls in Salzwasser etwa 10 Minuten garen.

2. Die Butter in einem Topf erhitzen und das Mehl unter Rühren darin leicht anschwitzen. Den Topf vom Herd nehmen, die Mehlschwitze mit der Sahne ablöschen und glattrühren. Etwa 125 ml vom Brokkolisud dazugeben und die Sauce unter Rühren zum Kochen bringen.

3. Die Instantbrühe dazugeben und das Ganze unter Rühren 5 Minuten bei schwacher Hitze köcheln lassen, dann mit Pfeffer und Muskat abschmecken.

4. Die Kartoffeln und den Brokkoli abgießen und auf einem Teller anrichten. Die Sauce über den Brokkoli geben und die Kartoffeln mit Petersilie bestreuen.
(auf dem Foto: oben)

Kartoffel-Gemüse-Gratin

- Kohlenhydratgericht
- Zubereitungszeit: ca. 1 Std.
- ca. 640 kcal je Portion

200 g gekochte Pellkartoffeln
1 Kohlrabi mit Grün
1 kleiner Zucchino
1 kleine Stange Lauch
1 Karotte
2 EL Butter
3 EL gehackte Petersilie
Muskat
gemahlener weißer Pfeffer, Meersalz
1 Eigelb
2 EL Sahne
1 Scheibe Butterkäse mit 60% Fett i.Tr.

1. Die Kartoffeln pellen und in Scheiben schneiden. Das Gemüse in dünne Scheiben schneiden, die inneren Blätter und Stengel des Kohlrabigrüns fein hacken.

2. Den Backofen auf 220 °C vorheizen. Die Butter in einer beschichteten Pfanne erhitzen und das Gemüse samt Kohlrabigrün darin bei mittlerer Hitze etwa 10 Minuten dünsten. Die Petersilie und die Würzzutaten untermischen.

3. Das gedünstete Gemüse in eine Auflaufform geben und die Kartoffelscheiben darauf schuppenartig verteilen Das Eigelb mit der Sahne verquirlen und darübergießen. Den Käse in feine Streifen schneiden und auf die Kartoffelscheiben legen.

4. Den Gratin zugedeckt im Backofen auf mittlerer Schiene etwa $^1/_4$ Stunde garen. Dann offen etwa 7 Minuten überbacken.
(auf dem Foto: unten)

Bandnudeln mit Champignons in Kräutersauce

- Kohlenhydratgericht
- Zubereitungszeit: ca. 25 Min.
- ca. 460 kcal je Portion

50 g Vollkornbandnudeln (Rohgewicht)
Meersalz
250 g Champignons
1 EL Butter
1 Msp. Kräuter der Provençe
3 EL gehackte Petersilie
gemahlener weißer Pfeffer
5 EL Sahne
50 ml vegetarische Gemüsebrühe (aus Instantpulver)
$^1/_2$ TL Kartoffelstärkemehl

1. Die Nudeln etwa 10 Minuten in reichlich Salzwasser garen.

2. Inzwischen die Champignons putzen und in Scheiben schneiden. Dann in der Butter andünsten.

3. Die Kräuter, den Pfeffer und die Sahne unter die Pilze mischen.

4. Die Kartoffelstärke mit der Gemüsebrühe anrühren, zu den Pilzen geben und alles etwa 3 Minuten köcheln lassen. Die Sauce über die Nudeln gießen und sofort servieren.
(auf dem Foto oben)

Spaghetti mit Karotten-Sahne-Sauce

- Kohlenhydratgericht
- Zubereitungszeit: ca. 25 Min.
- ca. 580 kcal je Portion

$^1/_2$ TL Meersalz
1 TL Sonnenblumenöl
50 g Vollkornspaghetti (Rohgewicht)
300 g Karotten
1 EL Butter
80 ml vegetarische Gemüsebrühe (aus Instantpulver)
gemahlener weißer Pfeffer
5 EL Sahne
3 EL gehackte Petersilie
1 TL Butter

1. Zunächst 1 Teelöffel Öl mit reichlich Salzwasser zusammen zum Kochen bringen und die Spaghetti darin etwa 10 Minuten garen.

2. Inzwischen die Karotten abbürsten und in etwa 2 mm dünne Scheiben schneiden.

3. Die Butter in einer großen Pfanne erhitzen und die Karottenscheiben darin bei mäßiger Hitze gut andünsten. Die Brühe hinzugeben und das Gemüse zugedeckt in etwa 10 Minuten sehr weich dünsten. Zwischendurch umrühren.

4. Die Karotten mit dem Passierstab pürieren, dann Pfeffer, Sahne und Petersilie untermischen.

5. Die Spaghetti in einem Sieb gut abtropfen lassen, dann die Butter daruntermengen. Die Nudeln mit der Karottensauce servieren.
(auf dem Foto unten)

SCHNELL · FEIN-WÜRZIG

SCHNELL · SAHNIG-MILD

Reis mit grünem Spargel

- Kohlenhydratgericht
- Zubereitungszeit: ca. 40 Min.
- ca. 600 kcal je Portion

50 g Vollkornreis (Rohgewicht)
300 g grüner Spargel
Meersalz
1 EL Butter
1 gehäufter EL feines Weizenvollkornmehl
3 EL Sahne
80 ml kalte vegetarische Gemüsebrühe (aus Instantpulver)
Muskat
1 Scheibe Butterkäse 60% Fett i.Tr.
2 EL Schnittlauchröllchen oder Kerbel

1. Den Reis in etwa 150 ml Wasser zugedeckt in etwa 25 Minuten körnig kochen.

2. Inzwischen den Spargel am unteren Ende schälen, eventuell holzige Endstücke wegschneiden. Die Spargelstangen in 2 cm lange Stücke schneiden und in reichlich Salzwasser in etwa $^1/_4$ Stunde bißfest garen.

3. Die Butter erhitzen und das Mehl darin anschwitzen. Mit der Sahne ablöschen, den Topf vom Herd nehmen und die Mehlschwitze mit dem Schneebesen glattrühren. Die kalte Brühe zugeben und die Sauce unter Rühren zum Kochen bringen, etwa 5 Minuten leise köcheln lassen, dann mit Muskat würzen.

4. Den Käse fein würfeln, in den Topf geben und in der Sauce schmelzen lassen. Den Schnittlauch oder Kerbel untermischen.

5. Den Spargel abgießen, abtropfen lassen und zusammen mit dem Reis auf einem Teller anrichten. Die Sauce darüber verteilen.
(auf dem Foto: oben)

Leipziger Allerlei mit Reis

- Kohlenhydratgericht
- Zubereitungszeit: ca. 35 Min.
- ca. 560 kcal je Portion

300 g Leipziger Allerlei (TK-Ware)
$^1/_2$ TL Meersalz
50 g Vollkornreis (Rohgewicht)
2 TL Butter
1 Msp. vegetarische Gemüsebrühe (Instantpulver)
$^1/_2$ TL flüssiger Honig
3 EL gehackte Petersilie

1. Das Gemüse nach Packungsanweisung in Salzwasser garen.

2. Den Reis in etwa 150 ml Wasser zugedeckt in etwa 25 Minuten gar kochen.

3. Das Gemüse abtropfen lassen, in eine Schüssel geben und mit etwa 1 Teelöffel Butter, der Gemüsebrühe sowie dem Honig mischen. Die restliche Butter unter den Reis mischen

4. Den Reis zusammen mit dem Gemüse auf einem Teller anrichten und die Petersilie darüberstreuen.
(auf dem Foto: unten)

Tip:
Dazu paßt sehr gut eine weiße Sauce, abgeschmeckt mit Muskat.

Variation:
Statt Leipziger Allerlei paßt auch Balkan- oder Sommergemüse (beides als TK-Ware erhältlich) gut zu Reis.

Kartoffelsalat mit Kressesprossen

- Kohlenhydratgericht
- Zubereitungszeit: ca. 1 Std.
- ca. 380 kcal je Portion

200 g kleine festkochende Kartoffeln
2 TL vergorenes Molkenkonzentrat (Molkosan)
100 g fettarmer Kefir
gemahlener weißer Pfeffer
Meersalz
2 EL gehackter Dill
200 g Salatgurke
1 kleiner mürber Apfel
2 EL Kressesprossen (selbstgezogen oder gekauft)
1 EL kaltgepreßtes Sonnenblumenöl

1. Die Kartoffeln in der Schale kochen, dann abgießen, pellen und erkalten lassen. In feine Scheiben schneiden.

2. Das Molkenkonzentrat mit Kefir, Pfeffer, Salz und Dill verrühren und über die Kartoffelscheiben geben.

3. Die Gurke schälen und fein hobeln. Den Apfel fein würfeln und zusammen mit den Gurkenscheiben und den Sprossen unter die Kartoffeln mischen.

4. Das Öl untermengen und den Salat etwa $^1/_4$ Stunde durchziehen lassen.

Tip:
Dieser Salat ist ideal als leichtes Abendessen. Wenn Sie mittags bereits eine Kartoffelmahlzeit zubereiten, dann kochen Sie die Kartoffeln für den Salat gleich mit.

Gurkenstücke mit Tsatsiki

- neutrales Gericht
- Zubereitungszeit: ca. 20 Min.
- ca. 300 kcal je Portion

150 g Speisequark 20% Fett i.Tr.
3 EL fettarmer Kefir
1/2 Bund Dill, gehackt
1/2 Bund Schnittlauch, gehackt
1/2 kleine Knoblauchzehe
gemahlener weißer Pfeffer
Meersalz
2 EL Sahnedickmilch
1 kleine Salatgurke

1. Den Quark mit dem Kefir glattrühren und die gewiegten Kräuter untermischen.

2. Den Knoblauch durch die Presse drücken und zusammen mit Pfeffer und Salz unter die Creme rühren.

3. Die Sahnedickmilch unterziehen und den Tsatsiki nochmals abschmecken.

4. Die Gurke (evtl. ungeschält) in fingerdicke Streifen schneiden und zum Dippen mit dem Tsatsiki servieren.

Variation:
Außer Gurken eignen sich noch andere Gemüsesorten zum Dippen. Ideal ist festes Gemüse, wie Bleichsellerie, Karotten, Fenchel, Kohlrabi, Rettich und Radieschen. Das Gemüse wird in Streifen geschnitten, Radieschen läßt man ganz.

Lammkoteletts mit grünen Bohnen

- Eiweißgericht
- Zubereitungszeit: ca. 35 Min.
- ca. 670 kcal je Portion

2 große oder 3 kleine Lammkoteletts (ca. 150 g Fleisch)
gemahlener weißer Pfeffer
Meersalz
je 1/2 TL getrockneter Thymian, Estragon und Rosmarin
300 g grüne Bohnen
3 EL Sonnenblumenöl
1 TL Butter
1/2 TL getrocknetes Bohnenkraut

1. Die Lammkoteletts leicht klopfen und das Fleisch von beiden Seiten mit Pfeffer und Salz würzen sowie mit den getrockneten Kräutern bestreuen. 5 Minuten ziehen lassen.

2. Die Bohnen in reichlich kochendes Wasser geben und in 10 bis 12 Minuten garen. In ein Sieb schütten und gut abtropfen lassen.

3. Eine beschichtete Pfanne erhitzen und das Öl hineingeben. Die Koteletts darin zunächst von beiden Seiten scharf anbraten, dann bei mittlerer Hitze noch 3 bis 4 Minuten auf jeder Seite weiterbraten.

4. Die Butter zerlassen, die Bohnen zusammen mit dem Bohnenkraut dazugeben, alles gut durchschwenken und mit Pfeffer und Salz abschmecken.

5. Die Koteletts auf Küchenkrepp abtropfen lassen, dann mit den Bohnen servieren.
(auf dem Foto oben)

Rindergeschnetzeltes mit Mischgemüse

- Eiweißgericht
- Zubereitungszeit: ca. 25 Min.
- ca. 650 kcal je Portion

100 g Rindfleisch für Geschnetzeltes (z.B. Bug, Roastbeef oder Kugel)
gemahlener Pfeffer, Meersalz
1 Zwiebel
50 g Knollensellerie
2 EL Sonnenblumenöl
2 cl trockener Rotwein
1 EL Crème fraîche, 1 EL Butter
300 g TK-Erbsen und -Karotten
1 Msp. vegetarische Gemüsebrühe (Instantpulver)
3 EL gehackte Petersilie

1. Das Fleisch in feine Streifen schneiden und mit Pfeffer und Salz würzen. Die Zwiebel und den geschälten Sellerie fein würfeln.

2. Das Öl in einer beschichtete Pfanne erhitzen und die Fleischstreifen darin unter mehrmaligem Wenden scharf anbraten.

3. Die Zwiebel- und Selleriewürfel dazugeben und mitbraten, bis sie Farbe genommen haben. Dann den Rotwein angießen und das Geschnetzelte noch etwa 10 Minuten leise köcheln lassen. Dann 2 bis 3 Eßlöffel Wasser sowie die Crème fraîche unterrühren und das Geschnetzelte warmhalten.

4. Die Butter in einem Topf erhitzen und das Tiefkühl-Gemüse zusammen mit der Instantbrühe hineingeben. Das Gemüse bei schwacher Hitze zugedeckt 7 bis 10 Minuten dünsten, dabei mehrmals durchschwenken. Dann die Petersilie untermischen.

5. Das Geschnetzelte zusammen mit dem Gemüse anrichten.
(auf dem Foto unten)

BRAUCHT ZEIT • **HERZHAFT**

SCHNELL • **FEIN**

Hähnchencurry mit Ananas

- Eiweißgericht
- Zubereitungszeit: ca. 25 Min.
- ca. 500 kcal je Portion

125 g Hähnchenschnitzel
2 Scheiben frische Ananas
100 g Champignons
1/2 kleine Zwiebel
1–2 EL Sonnenblumenöl
gemahlener weißer Pfeffer
Meersalz
1/2 TL mildes Currypulver
1 EL frischgepreßter Orangensaft
100 ml vegetarische Gemüsebrühe (aus Instantpulver)
2 EL Sahnedickmilch
1 EL Mandelblättchen

1. Das Hähnchenfleisch in feine Streifen, die Ananasscheiben in Stückchen und die Champignons in Scheiben schneiden. Die Zwiebel fein würfeln.

2. Eine beschichtete Pfanne erhitzen, das Öl hineingeben und das Fleisch darin rundherum etwa 5 Minuten anbraten.

3. Die Zwiebel hinzugeben, kurz mitdünsten, dann die Ananasstücke und die Pilze zufügen und die Mischung mit Pfeffer, Meersalz, Curry und Orangensaft würzen.

4. Alles unter mehrmaligem Wenden etwa 5 Minuten bei mäßiger Hitze dünsten. Die Brühe einrühren, kurz aufkochen lassen, dann die Pfanne vom Herd nehmen und die Sahnedickmilch unterziehen. Das Curry mit Mandelblättchen bestreuen.
(auf dem Foto: oben)

Tip:
Essen Sie dazu eine große Portion Feldsalat oder anderen Blattsalat.

Putenschnitzel mit Zucchinigemüse

- Eiweißgericht
- Zubereitungszeit ca. 25 Min.
- ca. 460 kcal je Portion

1 Putenschnitzel
gemahlener weißer Pfeffer
Meersalz
5 Schalotten
1 kleiner Zweig Estragon
1 EL Butter
2 EL Sahne
1/2 TL vegetarische Gemüsebrühe (Instantpulver)
350 g kleine, zarte Zucchini
1 EL Butter
1 TL Zitronensaft
2 EL gehackter Dill

1. Das Putenschnitzel leicht klopfen und mit Pfeffer und Salz würzen. Die Schalotten halbieren und die Estragonblätter vom Stengel streifen.

2. Die Butter in einer beschichten Pfanne erhitzen und das Putenschnitzel darin etwa 3 Minuten braten. Es dann wenden, die Schalotten sowie den Estragon dazugeben und alles noch weitere 4 bis 5 Minuten braten.

3. Die Sahne und die Gemüsebrühe in den Bratenfond rühren, aufkochen lassen und dann das Ganze warmhalten.

4. Die Zucchini in 2 mm dicke Scheiben schneiden. Die Butter erhitzen und die Zucchinischeiben darin unter gelegentlichem Wenden 5 Minuten dünsten. Den Zitronensaft und den Dill untermischen, mit Pfeffer und Meersalz abschmecken.

5. Das Putenschnitzel zusammen mit der Estragonsauce und dem Zucchinigemüse anrichten.
(auf dem Foto: unten)

Seezunge nach Florentiner Art

- Eiweißgericht
- Zubereitungszeit: ca. 1/2 Std.
- ca. 550 kcal je Portion

150 g küchenfertige Seezungenfilets
1 EL Zitronensaft
3 EL Butter
Meersalz
2 EL trockener Weißwein
300 g Blattspinat
1/2 kleine Knoblauchzehe
gemahlener weißer Pfeffer
1/2 TL vegetarische Gemüsebrühe (Instantpulver)
1 EL gehackte Pinienkerne
2 EL geriebener Parmesan

1. Die Seezungenfilets kalt abbrausen, trockentupfen, mit Zitronensaft beträufeln und etwa 5 Minuten ziehen lassen.

2. Etwa 2 Eßlöffel Butter in einer beschichteten Pfanne erhitzen. Die Fischfilets nochmals trockentupfen, salzen und in der Butter auf beiden Seiten bei mittlerer Hitze 4 bis 5 Minuten braten. Den Wein dazugeben.

3. Den Backofen auf 220 °C vorheizen. Den Blattspinat in ein Sieb geben und mit kochendem Wasser überbrühen. Gut abtropfen lassen. Den Knoblauch fein hacken.

4. Die restliche Butter erhitzen und den Knoblauch darin andünsten, dann den Blattspinat dazugeben und mit Pfeffer und der Gemüsebrühe abschmecken.

5. Den Spinat in eine feuerfeste Form geben, die Pinienkerne darüberstreuen und die Fischfilets darauf legen. Das Ganze mit Parmesan bestreuen, etwa 10 Minuten überbacken.

Zander in Dill-Sahne-Sauce

- Eiweißgericht
- Zubereitungszeit: ca. 1/2 Std.
- ca. 500 kcal je Portion

150 g küchenfertiges Zanderfilet
1–2 EL Zitronensaft
2 Schalotten
1 1/2 EL Butter
gemahlener weißer Pfeffer
Kräutersalz
5 EL Sahne
3 EL trockener Weißwein
1 TL Crème fraîche (30% Fett)
1 Msp. vegetarische Gemüsebrühe (Instantpulver)
2 EL feingewiegter Dill

1. Das Zanderfilet kalt abspülen, abtupfen, mit dem Zitronensaft beträufeln und 5 Minuten ziehen lassen. Die Schalotten fein würfeln.

2. Die Butter in einer beschichteten Pfanne erhitzen, die Schalottenwürfel darin glasig dünsten. Das Fischfilet trockentupfen, mit Pfeffer und Kräutersalz würzen, dazugeben und von beiden Seiten goldgelb braten.

3. Die Sahne und den Wein angießen, mit dem Bratensatz verrühren und etwa 5 Minuten zugedeckt bei schwacher Hitze köcheln lassen. Dabei das Fischfilet mehrmals mit der Sauce beträufeln.

4. Die Crème fraîche, die Gemüsebrühe sowie den Dill in die Sauce einrühren, diese noch einmal aufkochen lassen.

Tip:
Dazu reichen Sie eine große Schüssel Blattsalat mit Joghurtdressing.

Schollenfilet mit Champignons

- Eiweißgericht
- Zubereitungszeit: ca. 35 Min.
- ca. 370 kcal je Portion

150 g küchenfertiges Schollenfilet
2 EL Zitronensaft
gemahlener weißer Pfeffer
Meersalz
2 EL Butter
250 g frische Champignons
1 Fleischtomate
Pfeffer
2 EL gehackte Petersilie

1. Das Schollenfilet kalt abspülen, trockentupfen und von beiden Seiten mit Zitronensaft beträufeln. 5 Minuten ziehen lassen, dann mit Küchenkrepp etwas abtupfen und mit Pfeffer und Meersalz würzen.

2. Die Butter in einer Pfanne erhitzen und das Fischfilet darin etwa 5 Minuten von beiden Seiten braten.

3. Inzwischen die Champignons in Scheiben schneiden und die Tomate fein würfeln. Beides zum Fischfilet in die Pfanne geben und alles zugedeckt etwa 7 Minuten dünsten.

4. Das Gericht mit Pfeffer und Meersalz würzen und die Petersilie untermengen.
(auf dem Foto: oben)

Tip:

Statt Scholle können Sie auch einen anderen Plattfisch verwenden, beispielsweise Flunder oder Rotzunge.

Goldbarschfilet à la Danicheff

- Eiweißgericht
- Zubereitungszeit: ca. 40 Min.
- ca. 560 kcal je Portion

300 g Fleischtomaten
2 Schalotten
2 EL Butter
150 g küchenfertiges Goldbarschfilet
2 EL Zitronensaft
gemahlener weißer Pfeffer
Meersalz
3 EL geriebener Parmesan
1 EL Butter in Flöckchen

1. Die Fleischtomaten mit einem spitzen Messer jeweils über Kreuz einritzen, mit kochendheißem Wasser überbrühen, die Haut abziehen und den Stielansatz entfernen. Dann die Tomate in Würfelchen schneiden. Die Schalotten ebenfalls fein würfeln.

2. Die Butter in einer Pfanne erhitzen und die Schalottenwürfel darin glasig dünsten. Dann die Tomatenwürfel dazugeben und 3 Minuten mitdünsten. Die Pfanne vom Herd nehmen und das Gemüse warm stellen. Den Backofen auf 200 °C vorheizen.

3. Das Goldbarschfilet kalt abspülen, mit Küchenkrepp abtupfen und mit Zitronensaft beträufeln. 5 Minuten ziehen lassen. Dann trockentupfen und mit Pfeffer und Meersalz nach Geschmack würzen.

4. Das Fischfilet in eine feuerfeste Form legen und mit der Tomaten-Schalotten-Mischung bedecken. Das Ganze mit Parmesan bestreuen, mit Butterflöckchen belegen und auf mittlerer Einschubhöhe etwa 25 Minuten backen.
(auf dem Foto: unten)

Desserts und Gebäck

Auch bei der Zubereitung von Desserts und Gebäck läßt sich das Trennungsprinzip leicht verwirklichen. Normaler Haushaltszucker wird durch vollwertige Süßungsmittel, wie zum Beispiel Obstdicksäfte, Ahornsirup, Honig oder Frutilose, ersetzt und statt mit Weißmehl backt man mit Vollkornmehl.

Knusperdessert

- Kohlenhydratgericht
- Zubereitungszeit: ca. 20 Min.
- ca. 400 kcal je Portion

2 EL Mandelstifte
1 EL Vollkornhaferflocken
$^1/_2$ TL Leinsamen, 1 TL flüssiger Honig
1 EL ungeschwefelte Rosinen
1 kleine Banane
150 g Vollmilchjoghurt

1. Die Mandelstifte, die Vollkornhaferflocken und den Leinsamen in einer beschichteten Pfanne ohne Fettzugabe anrösten. Den Honig darüberträufeln und die Mischung unter Rühren leicht karamelisieren lassen.

2. Die Banane in Scheiben schneiden und zusammen mit den Rosinen zu der Knuspermischung geben.

3. Alles einmal vorsichtig wenden, dann in eine Dessertschale geben. Joghurt glattrühren und darübergeben.
(auf dem Foto rechts: links)

Datteln mit Frischkäse

- Kohlenhydratgericht
- Zubereitungszeit: ca. 10 Min.
- ca. 230 kcal je Portion

3 getrocknete Datteln
50 g Frischkäse 60% Fett i.Tr.

1. Die Datteln längs einschneiden und jeweils den Kern entfernen.

2. Den Frischkäse in eine Tortenspritze mit gezackter Tülle füllen und jeweils einen Streifen Frischkäse in die Datteln spritzen. Gut gekühlt servieren.
(auf dem Foto unten: rechts)

SCHNELL • **VOLLWERTIG**

Kokos-Pfirsich-Dessert

- Eiweißgericht
- Zubereitungszeit: ca. 20 Min.
- ca. 330 kcal je Portion

1 vollreifer Pfirsich, entsteint
1 EL Kokosnußmilch
1 TL Kokosraspel
1–2 TL flüssiger Honig
100 g Speisequark 20% Fett i.Tr.
1 EL weißer Rum
2 EL geschlagene Sahne
frische Zitronenmelisse zum Garnieren

1. Den Pfirsich halbieren, entsteinen und eine Hälfte fein würfeln. Die andere Hälfte in dünne Spalten teilen und diese kreisförmig in ein großes Dessertglas stellen.

2. Die Kokosnußmilch, die Kokosraspel und den Honig unter den Quark rühren und die Creme mit weißem Rum abschmecken.

3. Die Schlagsahne und die Pfirsichwürfelchen unterheben und die Creme auf die Pfirsichspalten geben. Mit Melisse garnieren.
(auf dem Foto: oben)

Früchtebecher „Summertime"

- Eiweißgericht
- Zubereitungszeit: ca. 20 Min.
- ca. 300 kcal je Portion

1 Stück Netzmelone (z.B. Cantaloup, ca.100 g Fruchtfleisch)
100 g entsteinte Süßkirschen
3 EL Sahnedickmilch
1 TL Kokosraspel
1 TL gehackte Mandeln
1 TL flüssiger Honig nach Belieben

1. Aus dem Melonenstück Kugeln ausstechen und diese mit den entsteinten Kirschen in ein Dessertglas geben.

2. Die Sahnedickmilch darübergeben. Die Kokosraspel und die Mandelstückchen ohne Fett anrösten und abgekühlt über das Dessert streuen. Honig darüberträufeln.
(auf dem Foto: Mitte)

Mandarinen-Sanddorn-Dessert

- Eiweißgericht
- Zubereitungszeit: ca. 1/4 Std.
- ca. 240 kcal je Portion

2 kernlose Mandarinen oder Clementinen
2 EL Sanddorn-Vollfrucht (ungesüßt)
1 TL flüssiger Honig
150 g Vollmilchjoghurt
1 EL grobgehackte Mandeln

1. Die Mandarinen in Spalten teilen und diese halbieren.

2. Das Sanddorn-Mark und den Honig unter den Joghurt rühren.

3. Die gehackten Mandeln in einer Pfanne ohne Fett anrösten, abkühlen lassen.

4. Die Mandarinenstücke in ein Schälchen geben und die Joghurtmischung darüber verteilen. Mit den gerösteten Mandeln bestreuen.
(auf dem Foto: unten)

Zitronendessert

- Eiweißgericht
- Zubereitungszeit: ca. $^{1}/_{2}$ Std.
- Gefrierzeit: ca. 1 Std.
- ca. 330 kcal je Portion

1 unbehandelte Zitrone
2 TL Akazienhonig
150 g Vollmilchjoghurt
50 g geschlagene Sahne
1 Zweiglein Zitronenmelisse

1. Von einer Zitronenhälfte die Schale abreiben, beide Zitronenhälften auspressen und den Saft mit der abgeriebenen Zitronenschale und dem Honig mischen.

2. Die Zitronenmischung in eine flache Schale füllen und für 1 Stunde ins Gefriergerät stellen, dabei zwischendurch mit einer Gabel durchrühren.

3. Das Zitronensorbet unter den Joghurt mischen, die Schlagsahne unterziehen und das Ganze in ein Dessertglas füllen. Mit Zitronenmelisse garnieren.

Himbeer-Sekt-Dessert

- Eiweißgericht
- Zubereitungszeit: ca. $^{1}/_{2}$ Std
- Gefrierzeit: ca. 2 Std.
- ca. 160 kcal je Portion

150 g frische Himbeeren
2 EL Zitronensaft
2 TL Akazienhonig
ein Schuß trockener Sekt (ca. 50 ml)

1. Die Himbeeren mit einer Gabel zerdrücken und mit dem Zitronensaft verrühren.

2. Die Masse durch ein Haarsieb streichen, dann den Honig gründlich untermischen.

3. Das Himbeermark in eine kleine Edelstahlschüssel füllen und 2 Stunden frosten. Gelegentlich mit einem kleinen Schneebesen kräftig durchrühren.

4. Die gefrostete Creme mit der Tortenspritze in ein Dessertglas spritzen und den Sekt darübergeben. Sofort servieren.

Himbeerquark

- Eiweißgericht
- Zubereitungszeit: ca. 10 Min.
- ca. 310 kcal je Portion

150 g Speisequark 20% Fett i.Tr.
5 EL Buttermilch
2 TL Akazienhonig
100 g frische Himbeeren
1 TL gehackte Mandeln

1. Den Quark mit Buttermilch und Honig glattrühren.

2. Die Himbeeren untermengen und den Quark mit den gehackten Mandeln bestreuen.

Tip:
Hübsch sieht es aus, wenn Sie das Dessert in einem dekorativen Glas servieren und es mit einem Sahnetupfer und einer Himbeere garnieren.

Variation:
Sie können für dieses Dessert auch gemischte Beeren verwenden oder anderes Obst der Saison (siehe hierzu den Trennungsplan auf Seite 6 und 7).

Erdbeer-Joghurt-Eis

- Eiweißgericht
- Zubereitungszeit: ca. 1/2 Std.
- Gefrierzeit: ca. 2 Std.
- ca. 350 kcal je Portion

150 g frische Erdbeeren
3 EL Vollmilchjoghurt
2 TL Akazienhonig
50 g geschlagene Sahne
1 TL Mandelsplitter

1. Die Hälfte der Erdbeeren zerdrücken und mit dem Joghurt und dem Akazienhonig gut verrühren.

2. Die Schlagsahne unterziehen, die Masse in eine kleine Edelstahlschüssel füllen und im Gefrierschrank 2 Stunden frosten.

3. Dann die restlichen Erdbeeren in feine Scheibchen schneiden. Von der gefrosteten Masse mit einem Teelöffel Nocken abstechen, diese in ein Dessertglas geben und mit den Erdbeerscheiben und den Mandelsplittern anrichten.

Johannisbeer-Joghurt-Törtchen

- Eiweißgericht
- Zubereitungszeit: ca. 1/2 Std.
- Kühlzeit: 2–3 Std.
- ca. 400 kcal je Portion

3 Blatt weiße Gelatine
100 g rote Johannisbeeren
2 cl Crème de Cassis (Johannisbeerlikör)
2 TL Akazienhonig
150 g Sahnejoghurt
1 Johannisbeerrispe zum Garnieren

1. Die Gelatine in kaltem Wasser einweichen und etwa 10 Minuten quellen lassen.

2. Inzwischen die Johannisbeeren von den Rispen streifen und mit einer Gabel grob zerdrücken.

3. Den Johannisbeerlikör und den Honig unter den Joghurt rühren, dann die Johannisbeeren untermischen.

4. Die Gelatine ausdrücken, in eine Tasse geben und im heißen Wasserbad vollständig auflösen. Einige Eßlöffel Joghurtmasse unter die flüssige Gelatine rühren, dann diese Mischung zur restlichen Joghurtmasse geben und rasch unterrühren.

5. Ein Förmchen von 250 ml Inhalt kalt ausspülen und die Joghurtmasse einfüllen. Im Kühlschrank 2 bis 3 Stunden festwerden lassen, dann auf ein Tellerchen stürzen und mit der Johannisbeerrispe garnieren.
(auf dem Foto oben)

Tip:
Das Stürzen geht ganz einfach, wenn Sie das Förmchen kurz in heißes Wasser halten. Dann den Dessertteller auf das Förmchen stülpen und das Ganze umdrehen.

Apfelkompott mit Zimtcreme

- Eiweißgericht
- Zubereitungszeit: ca. 1/4 Std.
- ca. 380 kcal je Portion

1 großer, fester Apfel
1 TL Zitronensaft
1 EL ungeschwefelte Rosinen
1 EL brauner Rum
100 g Vollmilchjoghurt
1 TL flüssiger Honig
50 g geschlagene Sahne
1 Msp. Zimt

1. Den Apfel schälen, vierteln, entkernen und die Viertel quer in Scheiben schneiden. Mit Zitronensaft mischen und in einen kleinen Topf geben.

2. 2 Eßlöffel Wasser sowie die Rosinen hinzufügen und alles zugedeckt etwa 3 Minuten dünsten. Dann den Rum untermischen.

3. Den Honig unter den Joghurt rühren, dann die Sahne und das Zimtpulver unterziehen.

4. Das warme Apfelkompott mit der Flüssigkeit in ein Dessertglas geben und die Zimtcreme darüber verteilen.
(auf dem Foto unten)

Tip:
Natürlich schmeckt dieses Dessert auch mit kaltem Apfelkompott sehr gut.

Variation:
Zum Apfelkompott paßt auch eine Haselnuß-Sahne: Einfach 2 Eßlöffel geriebene Haselnüsse in einer beschichten Pfanne ohne Fett rösten, abkühlen lassen und dann zusammen mit etwas Honig unter 50 g geschlagene Sahne mischen.

ZEITINTENSIV • FRISCH

SCHNELL • FEIN

Kräutertoastbrot

- Für 450 g Brot (ca. 20 dünne Scheiben)
- Kohlenhydratgericht
- Zubereitungszeit: ca. 2 Stunden
- ca. 80 kcal je Scheibe

375 g feines Weizenvollkornmehl
1 TL Meersalz
$^3/_4$ Würfel Frischhefe
200 g zimmerwarmer Kefir 1,5% Fett
1 feingehackte Zwiebel
1 kleine durchgepreßte Knoblauchzehe
je $^1/_2$ TL getrockneter Thymian, Majoran und Estragon
2 EL Olivenöl
Fett für die Form

1. In einer Schüssel das Mehl mit dem Salz mischen, in die Mitte eine Mulde drücken und die Hefe hineinbröckeln.

2. Den Kefir dazugießen, mit der Hefe verrühren und den Vorteig zugedeckt an einem warmen Ort etwa 20 Minuten gehen lassen.

3. Zwiebel, Knoblauch und Kräuter im Öl etwa 5 Minuten andünsten, dann unter den Vorteig rühren und das Mehl unterkneten. Den Teig etwa 20 Minuten gehen lassen.

4. Eine Kastenform von 20 oder 25 cm Länge einfetten und den Backofen auf 225 °C vorheizen.

5. Den Teig durchkneten und in die Form legen. Die Oberfläche längs einschneiden, mit Wasser bestreichen und den Teig ungefähr $^1/_4$ Stunde gehen lassen.

6. Das Brot in den Ofen schieben, nach etwa $^1/_4$ Stunde die Hitze auf 200 °C reduzieren und das Brot eine weitere $^1/_2$ Stunde backen.
(auf dem Foto: oben)

Kresseplätzchen

- Für 10 Stück
- Kohlenhydratgericht
- Zubereitungszeit: ca. 35 Min
- ca. 140 kcal je Stück

Für den Teig:
250 g feines Weizenvollkornmehl
1 TL Weinsteinbackpulver
1 TL Meersalz
4 EL Pflanzenöl
175 g Sahnedickmilch
1 kleine Zwiebel
1 Kästchen Kresse (ca. 20 g)
1 Zweig frisches Basilikum

Außerdem:
Mehl zum Ausrollen
Öl für das Blech
1 Eigelb zum Bestreichen

1. Das Mehl mit dem Backpulver mischen. Salz, 3 Eßlöffel Öl und Sahnedickmilch dazugeben und zu einem glatten Teig verkneten.

2. Die Zwiebel, die Kresse und das Basilikum fein hacken und in 1 Eßlöffel Öl andünsten. Die Mischung etwas abkühlen lassen, dann unter den Teig kneten.

3. Den Backofen auf 200 °C vorheizen. Den Teig auf leicht bemehlter Unterlage fingerdick ausrollen, dann mit einem runden Förmchen oder einem Glas (ca. 7 cm ø) Plätzchen ausstechen.

4. Ein Blech mit etwas Öl einfetten. Das Eigelb verquirlen und die Teigplätzchen damit bestreichen. Die Plätzchen auf das Backblech setzen, etwa $^1/_4$ Stunde backen und dann sofort servieren.
(auf dem Foto: unten)

Mohn- und Sesamstangen

- Für 12 Stück
- Kohlenhydratgericht
- Zubereitungszeit: ca. $1\,^1/_2$ Std.
- ca. 140 kcal je Stück

Für den Teig:
450 g feines Weizenvollkornmehl
1 TL Meersalz
1 Würfel Frischhefe
250 g zimmerwarme Buttermilch

Außerdem:
Mehl zum Ausrollen
je 1 EL Mohn und Sesam zum Bestreuen
Fett für das Blech

1. Das Mehl mit dem Salz mischen und in die Mitte eine Mulde drücken. Die Hefe hineinbröckeln und die Buttermilch darauf gießen. Das Ganze leicht verrühren und den Vorteig etwa 20 Minuten gehen lassen.

2. Den Vorteig zunächst mit etwas Mehl verrühren, dann das übrige Mehl unterkneten und den Teig zur Kugel formen. Etwa weitere 20 Minuten gehen lassen.

3. Den Teig durchkneten und auf leicht bemehlter Unterlage dünn ausrollen. Quadrate mit etwa 12 cm Seitenlänge ausradeln und sie von einer Ecke her diagonal aufrollen. Die Oberseite jeweils mit Wasser bestreichen, dann die Hälfte der Stangen mit Mohn, die restlichen Stangen mit Sesam bestreuen.

4. Den Backofen auf 200 °C vorheizen, die Stangen $^1/_4$ Stunde gehen lassen. Sie dann 15 bis 20 Minuten backen.

Rezeptverzeichnis

Dieses Buch gehört zu einer Kochbuchreihe, die die beliebtesten Themen aus dem Bereich Essen und Trinken aufgreift. Sie erhalten die Titel überall dort, wo es Bücher gibt.

Sie finden uns im Internet: **www.falken.de**

Bei diesem Buch handelt es sich um eine überarbeitete Ausgabe des bereits unter dem Titel „Das kleine 1 x 1 der Trennkost" (Nr. 1428) erschienenen Buches.

Dieses Buch wurde auf chlorfrei gebleichtem und säurefreiem Papier gedruckt.

ISBN 3 8068 1952 1

Umschlaggestaltung: Peter Udo Pinzer
Gestaltungskonzeption: Christa Johanna Gramm
Redaktion dieser Auflage: Birgit Wenderoth
Umschlagfotos: vorne außen und hinten: **TLC-Foto-Studio GmbH,** Velen-Ramsdorf; vorne innen: **FALKEN Archiv**
Fotos: Seite 1–10, 22, 34 und 52: **FALKEN Archiv**;
alle anderen Fotos: **TLC-Foto-Studio GmbH,** Velen-Ramsdorf
Produktion: Dr. Reitter & Partner GmbH, Vaterstetten
Satz: Dr. Reitter & Partner GmbH, Vaterstetten
Druck: Ludwig Auer GmbH, Donauwörth

014280796X817 2635 44